PRÉPONDÉRANCE
DE LA FRANCE

DEPUIS L'AVÉNEMENT

DE L'EMPEREUR NAPOLÉON III,

Par M. F.-M.-L. ROUSSON DU GALTEYRÈS,

AUTEUR DE PLUSIEURS OUVRAGES POLITIQUES.

Mes descendants conserveront longtemps ce trône...
Paroles de Napoléon Ier, (décembre 1804).

NIMES

DE L'IMPRIMERIE SOUSTELLE,

BOULEVART SAINT-ANTOINE, 9.

1857.

A Monsieur le Vicomte ERNEST de X...,

LIEUTENANT DE CAVALERIE.

Tu exiges, mon cher Ernest, que je réimprime l'opuscule que j'écrivis, il y a déjà bien des mois, sur la prépondérance de la France depuis l'avénement de Napoléon III; tu l'exiges, soit! mais, dis, Cher, auras-tu bien réfléchi en imposant à mon amitié cette rude épreuve? Quoique je fasse bon marché de ces quelques feuilles écrites rapidement dans un moment d'enthousiasme, ces feuilles déjà tant oubliées de moi que du public, je ne voudrais pas, pourtant, m'exposer à une déception trop amère. Peu indulgente est notre société; terribles sont ses jugements. A l'écrivain qui a eu le malheur de se tromper on ne tient compte ni de sa jeunesse, ni de sa droiture d'intention.

Je ne me dissimule pas que c'est uniquement *l'à-propos* qui fit, à Paris, le succès de ce mince travail: celui-là était le bien-venu qui exaltait la gloire de la France dans le moment où nos canons ébranlaient les murailles de Sébastopol; dans le moment où nos flottes portaient triomphalement notre pavillon dans les mers du Nord et du Sud ; dans le moment, enfin, où l'univers s'était donné rendez-vous à Paris, peuples et rois, pour admirer les merveilles de notre industrie et pour rendre hommage à notre puissance. Le vent était alors à la gloire, mais aujourd'hui.....

Aujourd'hui?..... Ah! pardonnez, lieutenant, est-ce que le Français, bien commandé, peut longtemps chômer de gloire? j'allais oublier, mon Ernest, tes glorieuses fatigues de Kabylie.

Ne pouvant donc te désobéir je te livre mon œuvre ; seulement, je te la livre avec de légers changements : j'ai dû omettre, j'ai dû ajouter. Que veux-tu? tant changées sont les circonstances qu'il m'a fallu user de la sage leçon que le bon saint Remy fit un jour à notre Clovis : Telle petite besogne que j'avais adorée, il y a un an ou deux, force a été de la brûler à demi.

Le vent qui souffle vient-il des bords de la Newa ou des bords de la Tamise, demandait un jour prudemment le député Bignon. Ah! les revirements politiques!...

Mais, vois-tu, Ernest, ce qui n'a pas changé dans mes écrits, pas plus que dans mon cœur, c'est le saint amour de la Patrie ; ce généreux amour qui t'inspira à toi de saisir une épée, à moi de prendre une plume.

Comme autrefois, lorsque nous promenions ensemble dans la forêt de Montmorency, ne cherche pas dans cet écrit une seule phrase qui trahisse ma manière de voir en politique. Je n'appartiens à aucune école, à aucun parti ; outre que je suis trop jeune pour jeter mon dévolu définitif, je me méfie trop des passions humaines pour accepter, sans examen, l'expérience et la science des autres (en matière politique, s'entend). Je suis Français et Chrétien, pas davantage; et je me rangerai sans cesse du côté où le drapeau de mon pays sera porté le plus haut.

Ceci t'expliquera peut-être mon inclination vers le Gouvernement actuel. Aussi bien, il me tarde que mon pays puisse poursuivre en sécurité ses hautes destinées. Car, si bien construit que soit un navire il finit par céder, à la longue, lorsque la tempête est trop fréquente. Abjurons donc nos haines plus inconsidérées que coupables; faisons-nous des sacrifices réciproques. Nous réaliserons alors amplement la noble légende qu'une nation voisine à écrite sur ses enseignes : *l'union fait la force!*

Dieu me pardonne! je me crois en veine pour arranger à l'amiable les affaires des nations; Montesquieu eût conseillé moins magistralement. Tu ris, Ernest?... Allons, je vois bien qu'afin de te rendre soucieux il faut laisser là les doctes dissertations politiques et te parler de ta mère. Hier, elle m'assurait qu'elle avait tant prié la Vierge Marie que tu serais invulnérable un jour de bataille: sainte femme!... Sa pensée est toujours en Kabylie, elle est avec toi sous la tente du désert, elle te suit au combat, à la razzia, partout. Puis, si tu voyais comme elle couvre de baisers et de larmes chacune de tes lettres! Parce que je suis ton ami elle m'aime comme un fils; moi, je t'accepte volontiers pour frère.

Adieu, adieu... avant de t'envoyer d'ici tout une grosse poignée de mains, laisse-moi te prier de me pardonner cette singulière épître..... Adieu encore, cher Vicomte! à l'exemple de tes aïeux, tiens-toi en joie sous le feu de l'ennemi. — Et la croix, dis, à quand?

Ton ami,

LOUIS ROUSSON DU GALTEYRÈS.

Nimes, août 1857.

PRÉPONDÉRANCE DE LA FRANCE,

DEPUIS L'AVÉNEMENT

DE L'EMPEREUR NAPOLÉON III.

De tous les résultats du règne de l'Empereur Napoléon III, celui qui doit le plus frapper l'attention des peuples, c'est, n'en doutez pas, *la puissance morale acquise à la France.*

Depuis près d'un demi-siècle, nous étions presque exclus de la grande famille des peuples. L'Europe, durant vingt ans, d'abord travaillée par nos idées révolutionnaires, puis foulée par nos soldats, avait amassé contre nous un long sentiment de répulsion qui ressemblait quelque peu à la haine. Pour les rois, nous étions une puissance dangereuse qu'il fallait tenir à l'écart et surveiller. L'alliance qu'ils contractèrent contre les héroïques vaincus de Waterloo, ils l'appelèrent *Sainte !* (1) De même que Naples tremble sans cesse sous son Vésuve, d'où peut s'échapper à chaque instant une irruption aussi inattendue qu'effrayante ; une irruption qui embraserait ses palais de marbre : ainsi l'Europe craignait éternellement qu'une explosion révolutionnaire ne sortît encore du milieu de nous, qui aurait troublé son repos et peut-être attaqué sa liberté.

Ni Louis XVIII, ni Charles X, le premier avec ses larges idées

(1) Tout le monde connait ce singulier Congrès des rois de l'Europe, réunis en 1815 à Vienne.

constitutionnelles, le second avec ses nobles intentions chevaleresques, ne purent réconcilier la France avec l'Europe, ni la relever de son humiliation. Waterloo pesait sur nous comme Cannes dut peser sur Rome, ou plutôt comme Zama dut peser sur Carthage. D'ailleurs, le moyen à ces deux Rois de glorifier la France aux yeux de l'Etranger, eux qui devaient leur couronne à des baïonnettes étrangères? Eux qui avaient dû souffrir que cent cinquante mille hommes salissent, presque trois années durant, le sol sacré de la Patrie! Cela ressemblait trop à un compromis entre nos souverains et l'ennemi; du moins ainsi le vit le peuple qui ne raisonne pas toujours ses sentiments. L'historien, plus sensé, déplorera cette triste nécessité que durent supporter les petits-fils de Louis XIV, mais qui n'en-tache pas moins leur mémoire.

Un homme dont vous ne soupçonnerez pas le royalisme, M. de Chateaubriant, devinant par où craquait déjà sourdement le trône de son maître, écrivait en 1827 : « Les petits Machiavels du temps s'imaginent que tout marche à merveille dans une société, quand le peuple a du pain et qu'il paie l'impôt. Ils ignorent, ces prétendus hommes d'Etat, qu'il y a chez les nations *des besoins moraux* plus impérieux que les besoins physiques. Lorsque ces nations sont offensées dans leurs libertés, dans leurs opinions, dans leurs goûts, dans *leur orgueil*, en vain les champs se couvrent de moissons : un malaise général se fait sentir dans l'ordre politique, les maux physiques causent les soulèvements, et les souffrances morales causent les révolutions. » C'était avec respect enfoncer le poignard, eût dit Boileau.

Si les Bourbons aînés, avec toute la noblesse de leur caractère, n'ont pu relever la France, on m'accordera bien, j'imagine, que ce ne fut pas là la besogne du roi Louis-Philippe.

Certes, ce n'est pas moi qui voudrais insulter au malheur. Il y a dans le monde, je le sais, une femme veuve d'un mari qui fut Roi, d'un fils qui devait l'être, une femme privée d'une couronne, et, ce qui est plus triste, privée d'une Patrie. Tant de douleurs qui se sont donné rendez-vous dans un seul cœur imposent le respect. Dieu (est-ce colère ou miséricorde?) nous envoie quelquefois des peines qui s'endorment seulement au Ciel. Pitié donc! car il n'est pas sûr que l'amour réuni de sa nombreuse famille restitue à cette reine infortunée (1) tout ce qu'elle a perdu. Mais, que je sache, le respect ne doit pas faire taire la vérité. En acceptant une couronne, Louis-Philippe savait d'avance qu'il se livrait au jugement de la postérité. La vie d'un homme public appartient à l'histoire. Brisez votre couronne, déchirez votre manteau royal, si vous hésitez à vous en décorer pour la gloire du peuple que Dieu vous confia.

Or, le roi Louis-Philippe, je vous le demande, a-t-il porté sa couronne pour la gloire de la France? Je crois que c'est précisément le contraire qui est arrivé. Loin de faire quelque chose pour nous grandir, il semble qu'il ait pris à tâche de nous déconsidérer aux yeux de l'Europe. Oh! dites-moi, n'avez-vous jamais frémi d'indignation en voyant l'Europe agiter des traités, les signer, les publier; tout cela, sans souci de nous, presque malgré nous? Ils régissaient à notre insu les affaires du monde. Pourtant, depuis deux siècles, la France était la Nation qui pesait le plus puissamment dans les destinées de l'Europe; pourtant, naguère encore, et nous nous en souvenions, nous avions planté nos étendards sur les capitales conquises de l'Europe!... O mon glorieux drapeau tricolore, toi que nos pères portaient à Marengo et à Austerlitz, quelle humiliation!!!

Négocier des mariages pour les fils de France, préparer par toutes sortes de voies le succès des élections en faveur du Pouvoir, discuter enseignement, quelquefois et trop souvent religion, rarement songer à la dignité de la Patrie en face de l'Europe, voilà où s'usait la politique égoïste du roi intronisé en Juillet; mais de relations extérieures, pas une glorieuse. Rappelez-vous la triste adhésion aux trop fameux traités de Vienne, rappelez-vous Ancône évacuée, la Plata abandonnée pour ne pas déplaire aux Anglais, la guerre civile entretenue en Espagne, la question d'Orient résolue sans nous, la scandaleuse affaire Pritchard; rappelez-vous surtout cette Pologne,

(1) Marie-Amélie de Bourbon, reine de France. — Les reines ont été vues pleurant comme de simples femmes.... (Chateaubriant.)

trois fois martyre, cette Pologne, sœur cadette de la France, égorgée en faisant un appel suprême, désespéré, à notre Patrie qui, hélas ! *était trop loin*, et à Dieu qui *était trop haut* (1) ; Rappelez-vous... mais, non, cachez toutes ces hontes derrière un peu de gloire, et, pour vous consoler, ne vous rappelez que de la mémorable affaire d'Anvers, et de nos exploits d'Afrique qui étaient là pour prouver au monde que si la *grande Nation* avait perdu quelque chose de sa dignité morale, du moins il lui restait encore toute sa bravoure ! (2).

Trop malheureuse, ou plutôt trop humiliée fut alors ma Patrie pour que, fils ingrat, j'ose raviver ici les plaies qui ont si douloureusement saigné au cœur héroïque de cette mère bien-aimée. Je vous épargnerai donc le détail de nos avilissements. Aux crimes des Teste et des Praslin hâtons-nous d'opposer la vertu de plusieurs grands citoyens. Nommons Lafayette, Benjamin Constant, Jacques Laffitte, Casimir Perrier, Dupont de l'Eure, Meynadier, Cavalier (3),

(1) Noble sœur Varsovie, elle est morte pour nous ;
Morte un fusil en main, sans fléchir les genoux ;
Morte en nous maudissant à son heure dernière ;
Morte en baignant de pleurs l'aigle de sa bannière.
BARTHÉLEMY.

(2) L'auteur aurait voulu moins s'arrêter sur les misères de ce règne ; mais, afin de rendre plus sensible la transition, il a dû faire taire ses répugnances.

(3) Comme le déclare le *Moniteur universel* du 8 mars 1846, le général Jacques Cavalier est issu de cette famille dont le nom est populaire dans le Midi de la France depuis les guerres de Religion. — Il vint au monde à Saint-André-de-Valborgne, au mois de mars 1772. A peine âgé de 13 ans, en 1785, poussé par ce besoin de gloire et de liberté qui travaillait alors toutes les âmes jeunes, il s'engagea volontairement, malgré les instances de sa pieuse et généreuse mère, Marie Pignon. Pourtant, elle ne devait pas se repentir de s'être séparée de son fils : à 20 ans elle le revit capitaine ! — Il fut blessé au siége de Lyon ; mais il se glorifiait bien moins de cette blessure que de celle qu'il reçut plus tard au siége de Mantoue, dans l'immortelle campagne d'Italie (1796-97). Napoléon Bonaparte, qui avait deviné le jeune Cavalier, désira l'adjoindre à son état-major avec le grade de chef de bataillon. Tant l'admira, en Egypte, le général Bonaparte, qu'il voulut lui confier l'organisation d'un régiment de Dromadaires qu'il avait projet de créer (17 janvier 1799). Même, on assure que le général en chef voulant donner à son lieutenant un témoignage éclatant de son ami-

M. Pelet de la Lozère; même, je ne crains pas de séparer de ces hommes de bien le savant M. Guizot, et plusieurs braves fils du roi : l'opinion publique, d'abord sévère, s'est ravisée depuis à l'endroit

tié aurait un moment désiré de le faire entrer dans sa famille. — De retour en France, Cavalier reçut du premier Consul le commandement de la 3e légion de gendarmerie (septembre 1801). Depuis cette époque, ce brave officier eut peut-être le tort de se laisser oublier. En effet, tandis que plusieurs de ses frères d'armes, oubliant leur rude indépendance militaire, faisaient antichambre aux Tuileries ; tandis qu'ils se pressaient, humbles et petits, sous le large manteau impérial de leur chef, devenu le grand suzerain de l'Europe, lui, point du tout courtisan, se cachait dans l'accomplissement de son devoir. Néanmoins, nous le trouvons encore en 1807 et 1809 faire les campagnes de Boulogne et de l'Escaut. — Plus tard, en 1814 et en 1815, comme Carnot, comme Lucien Bonaparte, voyant bien moins dans l'invasion européenne l'humiliation de l'Empereur que celle de la Patrie, il se pressa autour de Napoléon malheureux. Mais, le canon de Waterloo sonna l'heure d'une chute solennelle !..... Après le supplice de l'infortuné maréchal Ney, son frère d'armes et son ami, Cavalier se retira du service (14 septembre 1816) ; malgré tous les efforts des Bourbons pour l'attirer à eux, il ne reprit son épée qu'en 1830, après les journées de Juillet. Cavalier retrouvait enfin son drapeau des Pyramides ! — Le 5 août, il est nommé au commandement du département de l'Orne ; un mois après, il était appelé de ce commandement aux fonctions élevées d'inspecteur général de gendarmerie ; plus tard, le 2 avril 1831, il faisait partie du cadre d'activité de l'état-major général ; enfin, quelques temps après, il reprit son ancien commandement du département de l'Orne pour le garder jusqu'au moment de sa retraite qui lui fut accordée le 1er avril 1834. — Lorsqu'il se retira du service il était commandeur de la Légion-d'Honneur et chevalier de Saint-Louis.

Malgré tous les efforts qu'il fit depuis pour s'éloigner de la scène politique, le département de l'Orne s'obstina à le nommer, à plusieurs tours de scrutin, membre du Conseil général.

Il rendit à Dieu sa belle âme, chargée de bonnes œuvres, le 17 septembre 1846 ; il avait alors 74 ans. Cette même année la Patrie pleurait un autre de ses nobles enfants : le général Meynadier, pair de France. Né à la même époque que Cavalier, dans le même village, ils s'aimèrent, ils combattirent ensemble, ils moururent presque ensemble.

Lorsqu'on porta à Alençon le corps du *bon Général* (on l'appelait ainsi, surtout depuis qu'il avait doté la ville d'un hôpital) tous les Alençonnais le suivirent à pied jusqu'à son château de Glatigny. Il repose dans le parc, protégé par l'amour filial de sa noble fille.

de ces hommes illustres. Elle a bien reconnu devant quelles exigences pliaient toutes les honnêtes volontés.

Je crois avoir dit tout-à-l'heure qu'au milieu de ses hontes la France avait gardé immaculée la bravoure de ses aïeux ; mais cette bravoure, qu'on n'employait pas, de quoi nous servait-elle? L'Europe qui savait d'avance que la chancellerie de notre faible gouvernement avait adopté par système *la paix quand même* (1), nous saturait impunément d'humiliations; elle nous moquait. L'Angleterre, aujourd'hui notre timide alliée, mais alors..... l'Angleterre, impuissante à nous pardonner ces longues guerres de la Révolution et de l'Empire, qui, en exaltant encore sa haine séculaire, avaient failli abîmer sa domination, ne nous épargnait aucun outrage. Témoin, je crois l'avoir dit, ce drôle de Pritchard. La Russie?... Oh! pour la Russie, elle nous regardait, il est vrai, comme une nation brave encore, mais lasse de gloire, fatiguée de batailles, presque éteinte de découragement, n'ayant d'autre passion que celle *de l'or*. En appui, laissez-moi citer ces paroles de Nicolas Ier à lord Seymour : *La France est incapable de tenter un mouvement pour empêcher l'invasion de l'Empire ottoman* (2). Il n'est pas jusqu'à ces lourdes puissances germaniques qui ne se donnassent le plaisir de faire fièrement la moue à la Nation qui vint prendre chez elles la gloire d'Iéna et de Wagram. C'était le coup de pied que l'âne asséna sur le lion mourant....! Garde à vous, mes grosses puissances d'au-delà du Rhin, si le lion n'allait pas mourir!...

Cependant du sein de cette humiliation née de la corruption gou-

Je n'ai pu résister au plaisir de m'étendre quelque peu sur le général Cavalier, dont les vertus m'ont rappelé celles du brave Drouot. A un souvenir de famille se joignait dans mon cœur un sentiment de reconnaissance. D'ailleurs, nous devons à notre siècle matérialisé la vie des hommes de bien... Louis R.

(1) Ce fut à cet amour de la paix, à cette crainte de la guerre, que Louis-Philippe sacrifia, non-seulement la Pologne et l'Italie qui ne lui offraient aucun avantage en échange de son assistance armée ou diplomatique ; mais encore la Belgique qui consentait à se donner à lui et à la France. (Paul Lacroix.)

(2) Je me rappelle avoir lu ces paroles; mais, il m'a été impossible de les retrouver.

vernementale, s'élevaient quelques voix, fortes et généreuses, qui criaient en faveur de l'honneur national trahi; qui déclaraient au monde que l'humiliation de la France était celle du gouvernement, mais point du tout celle du peuple. Nous lisions avec avidité les pages enthousiastes de Lamartine, les pamphlets acérés de Cormenin, les oraisons chrétiennes de Lacordaire, puis encore les hymnes prophétiques de Lamennais et les récits vengeurs de Louis Blanc, tandis que le peuple chantait les refrains patriotiques du vieux Béranger ; et tous nous sentions la honte nous monter du cœur au front, et nous invoquions presque la vengeance.

Elle vint; car qu'elle soit éloignée ou qu'elle soit prochaine, la justice de Dieu a toujours son heure. Dieu, *qui protège la France*, vit qu'il était temps d'étendre son bras sur elle ou tout allait sombrer en elle, gloire, religion, liberté, patrie ! Rien n'est plus vite que le mal ; encore quelques années et le prêtre en eût été réduit à pleurer seul dans ses sanctuaires abandonnés. Ne séparez jamais la Religion de la Patrie: Dieu et Patrie ces deux mots se lient. L'implacable matérialisme pressait toutes les âmes, les étouffait, les tuait, hélas ! après les avoir souillées... Pourtant, tant humiliée que fût le peuple et enlaidi d'indifférence, il eut, pour un jour, la force de Dieu. C'était le 24 février. Le trône de Juillet était sorti d'une tempête populaire; une tempête populaire l'engloutit. Le peuple soulevé mena un branle de mort autour de la colonne de Juillet, et vint attacher des couronnes à celle de la place Vendôme; d'instinct, il devinait déjà que l'avenir était là.....

La Révolution de 1848, que je me garderais bien d'accuser, émut l'Europe, l'ébranla presque; derechef les rois eurent peur, derechef ils se coalisèrent contre nous. Heureuse précaution; car, à voir notre enthousiasme républicain ils ne purent s'empêcher de songer aux gigantesques et sanglantes luttes de notre première Révolution. Si velléité prenait à la France de nous lancer, sous forme de propagande, ses infatigables fantassins !..... Oh ! pensée horrible !..... Vite, mes Pandours, à cheval ; allons, mes Cosaques, du fond de mon vaste empire, accourez ; amorce ton canon, artilleur de Frédéric : sans toi la partie serait moins sûre. Venez tous !

Que l'Orient contre elle à l'Occident s'allie. (1)

Une grande nation, une nation irrésistible telle que la France, quand elle se soulève, est semblable à un immense fleuve débordé dont les eaux envahissantes menacent sans cesse de porter la désolation dans les contrées voisines.

Pourtant, le fleuve ne déborda pas. Un homme, sans doute envoyé de Dieu, s'est rencontré qui, de son bras puissant, fit reculer l'émeute et rassura l'Europe. Par le coup d'Etat du 2 décembre, cet audacieux coup d'Etat que je place, moi, au-dessus de celui du 18 brumaire, l'avenir fut assuré. Grande joie au cœur des rois. Supposez, en effet, que ce coup d'Etat n'eût pas réussi : la France était en feu ; avec elle, l'Italie, l'Allemagne, la Hongrie et peut-être l'Europe entière. Car, lorsque la France est en insurrection, quel Etat est stable dans son repos... (2).

Si le monde a échappé à l'anarchie, c'est merci à l'Empereur Napoléon III ; merci encore à lui si la France s'est replacée au sommet de l'Europe continentale.

Voilà six ans que le Neveu de Napoléon Ier a été appelé au trône par l'immense majorité du peuple ; et, dans ces six années, que de choses accomplies ! Il y a à parier qu'en si peu de temps il a plus fait pour notre gloire, que n'en firent nos trois Rois précédents en 35 ans. Affirmation forte, mais vraie pourtant. Lisez ! ou plutôt rappelez-vous !

D'abord, à l'extérieur, voyez nos soldats, à l'admiration de nos Alliés et de nos Ennemis eux-mêmes qui désespèrent de les vaincre, combattre les glorieux combats de l'Alma, d'Inkermann, de la Tchernaïa ; voyez-les, enfin, escaladant, sous le feu de l'ennemi, les si rudes murailles de Sébastopol. C'est un drame homérique. Canrobert et Pélissier les commandent ; Bosquet et Mac-Mahon, sous les ordres de ces chefs illustres, les mènent bravement à la victoire.

(1) Corneille.

(2) En 1848, à l'exemple de Paris, les capitales se soulevèrent contre leurs souverains : Berlin, Munich, Vienne, Naples, Milan, Venise, Cracovie eurent tour-à-tour leurs barricades, leurs héros, leur victoire.

Il y eut des héros, et beaucoup : brave Lourmel, intrépide St-Pol, vous êtes morts là-bas, comme dut mourir Bayard, le chevalier *sans peur et sans reproche*; tant il est vrai que cette race française ne vieillit pas !

A côté de ces héros, ah ! laissez-moi citer les noms de deux guerriers qui furent mes compatriotes : le jeune général Walsin-d'Estérhazy, et son aide-de-camp, M. de Sibert de Cornillon. Celui-ci, sans souci de son père, qui lui aussi avait droit à sa vie, s'est glorieusement sacrifié sur le champ de l'honneur ; l'autre, peut-être moins heureux, vient de succomber à Marseille, à la suite d'une longue maladie de langueur, provoquée par les fatigues de cette laborieuse guerre d'Orient. Pauvre cher général Walsin ! que nous avons tous connu, tous aimé, ah ! tu avais bien assez fait pour que la mort vînt à toi un jour de bataille ; tomber au milieu de tes frères d'armes c'eût été encore une joie pour ton mâle cœur. La mort a des déceptions cruelles.

Je souhaite que Nimes garde précieusement le souvenir de ces héros, comme il a conservé celui de d'Assas. L'héroïsme est héréditaire sur cette terre.

Le désolant dans la vie de l'homme, c'est qu'on ne peut toucher à aucune de ses gloires sans rencontrer la mort. Elle se glisse dans toutes les fêtes, sombre, effrayante... Eh ! puisqu'il est impossible d'échapper à cette nécessité, qu'importe, après tout, de mourir, lorsque notre vie est noblement remplie, lorsque nous sommes sûrs de laisser derrière nous un souvenir chargé de bénédictions. Mais, pourquoi m'entraîner vers ces tristes pensées ? Revenons plutôt chercher l'oubli au milieu du bruit des armes.

Je racontais tout-à-l'heure les hauts faits de notre armée de terre. Disons tout ; n'arrachons pas une seule feuille de laurier à la couronne de nos braves. Donc, tandis que nos soldats écrivaient, en traits ineffaçables, la gloire de la France sur le granit de Sébastopol, de grandes flottes, sorties de nos ports, comme par enchantement, allaient porter notre pavillon dans toutes les mers, celles du Nord et celles du Midi ; si bien que notre amie, la triomphante reine de l'Océan s'est troublée un instant. A tort ou à raison, elle s'est prise à réfléchir sur l'avenir (1)...........................

....

Un moment, nous avons eu garnison à Rome, à Athènes (2), à Constantinople, ces trois imposantes métropoles du monde ancien; notre France, héritière de leur gloire et de leur civilisation, leur envoyait ses légions pour faire respecter leurs cendres. Savez-vous quelque chose de plus superbe dans l'histoire des temps modernes? Oh! n'en doutez plus, nous sommes encore la *grande Nation!*

Dirai-je Rome enlevée aux rebelles, Bomar-Sund escaladée par nos chasseurs, la Kabylie, ce complément de notre belle colonie d'Afrique, soumise enfin, après une glorieuse expédition? Parlerai-je de l'Espagne et de la Suisse pacifiées, des lieux Saints protégés, de la Prusse et de Naples menacées? Montrerai-je (chose inouïe!) l'influence de notre gouvernement, protégeant en Asie la puissance britannique compromise? Raconterai-je....? mais non: je m'en fie plutôt à vos souvenirs.

Ces triomphes attestent l'irrésistible puissance de la France; maintenant, voici ce qui témoigne de sa générosité, de sa noblesse; voici ce qui nous a valu l'amour des peuples: Pourquoi avons-nous jeté, là-bas, presque à mille lieues de la Patrie, nos hommes, nos flottes, nos millions? Est-ce le brutal besoin des conquêtes qui nous tourmente?....Point; quelque chose de plus grand nous a inspirés. Cette fois, les armes de la France ne menacent pas la liberté des peuples: elles la protégent. Il y a quelque 80 ans, elle ne fit pas assez pour empêcher que le meurtre d'une nation alliée ne s'accomplît au Nord de l'Europe; elle a voulu s'épargner un regret, un remords de plus, en faisant que la Russie ne puisse déchirer une

(1) Il me semble que l'Angleterre est à la veille d'une grande expiation. Ses colonies s'insurgent... Napoléon mourant s'est vengé des vexations de son éternelle ennemie, en jetant au monde cette terrible révélation: *l'Angleterre finira comme la superbe république de Venise.*

(2) Il est doux de le dire, il y a sympathie entre la nation Grecque et la nôtre, nous l'avons éprouvé partout, et auprès de toutes les classes de ce peuple ami, le nom de Français est un titre à leur affection. (M. CHENAVARD.)

seconde nationalité. Aussi bien, autant pour notre gloire que pour le repos du monde, il était temps que la France dît à cette colossale puissance, assise sur trois parties du monde : *Tu n'iras pas plus loin.*

La France a grandi de toute l'humiliation de la Russie ; le rôle de première puissance continentale, qui lui était dévolu depuis les événements de 1815, nous le reprenons. Et même, soit dit entre nous, la chevaleresque Angleterre m'a semblé quelque peu vieillie à côté de nous. Ses Ecossais n'ont pas la taille de nos petits Chasseurs, encore moins, s'il vous plaît, celle de nos Zouaves. Quoi qu'il en soit, l'Angleterre aura toujours à mes yeux un mérite immense : celui d'avoir proclamé la supériorité du nôtre. Que de siècles, avant de lui arracher cet aveu !....

Ainsi va la gloire extérieure de la France ; mais à l'intérieur que faisons-nous ? Tandis que nos soldats rendent illustre le nom de la Patrie, nous jouissons d'une tranquille prospérité : le crédit est revenu avec l'ordre, le commerce fleurit, les arts et les sciences sont cultivés, la Religion, cette fille du Ciel, est respectée, et l'enseignement qui touche de si près à celle-ci est la sollicitude du Chef de l'Etat. Le réseau de nos chemins de fer se complète rapidement ; quand il s'agit de la gloire de la France ou de sa prospérité, pas une dépense n'effraie le Pouvoir.

Mais, qui me donnera des paroles assez fortes pour célébrer la magnificence de Paris restauré ? Si vous n'avez pas vu le *nouveau Louvre*, vous ignorez encore quel fini peut atteindre le génie de l'homme.

Aussi, la ville de Paris, comme la Sirène (1) de la Fable, sachant d'avance que tous ceux qui la verront l'aimeront d'amour, appelle à elle tous les hommes de la terre. Ses murs sont assez larges pour contenir les négociants, les artistes, les curieux qui lui viennent par milliers ; et ses palais assez vastes et assez majestueux pour

(1) Nom que les anciens donnaient aux filles fabuleuses du fleuve Achéloüs. Les navigateurs, attirés par la beauté de leur figure et la douceur de leur chant, oubliant leur patrie, mouraient dans une sorte d'extase en les contemplant.

loger à la fois plusieurs rois de l'Europe, tant puissants et tant riches qu'ils soient. Jamais Rome, sous ses Césars ou ses Médicis n'ouvrit ses portes à tant de peuples. Tous ces hommes, rois et citoyens, venus de plusieurs parties du monde, quittent la grande Ville, flattés de son hospitalité, étonnés de sa puissance, frappés de sa civilisation, éblouis de sa richesse; et tous disent : *Quelle ville est semblable à Paris* (1) ?

Paris est la cité de lauriers toute ceinte
Dont le monde entier est jaloux,
Que les peuples émus appellent tous la *Sainte*,
Et qu'ils ne nomment qu'à genoux (2) !

. . . .

En jetant un regard sur nos temps, voilà ce que j'ai vu: j'ai vu toutes ces choses, et refrénant dans mon cœur tout autre sentiment, j'ai dit: Que Dieu ait en sa sainte garde l'Homme qui donne à ma belle et illustre Patrie : Religion, gloire, bonheur ! . . . .
. . . .

. . . .

L'auteur de cet opuscule écrivait, naguère, dans une feuille publique les paroles suivantes : *Les traditions s'effaçent; d'autres affections non moins respectables les remplacent* (3). Comme plusieurs, interprétant mal ma pensée, faillirent voir dans cette phrase un acte d'agression, d'ailleurs fort gratuit, contre le passé, peut-être sans trop sortir de mon sujet, me sera-t-il permis de rassurer ici leurs doutes.

C'est le souvenir du passé, on l'a dit (4), qui constitue la natio-

(1) Paris a cent portes, comme Thèbes; des jardins suspendus, comme Babylone; des pyramides, comme Memphis; des bibliothèques, comme Alexandrie; des palais comme Naples; des Arcs-de-triomphe, comme Rome; des Panthéons, comme Athènes: Paris est la capitale morale du monde entier. L. Ch.

(2) Auguste Barbier.

(3) *Journal d'Uzès*, N° du 28 juin 1857 — à propos du complet résultat de l'élection de M. le comte Ch. de Tascher de la Pagerie, parent de l'Empereur, premier chambellan de l'Impératrice. Le noble comte, chacun le sait, avait à lutter sur un terrain féodal, contre des souvenirs séculaires.

(4) M. Barante.

nalité d'un peuple ; aussi je ne me consolerais jamais de faire chorus avec ceux qui, d'une main brutale, posent un violent stygmate de réprobation sur une société tombée, vaincue. Proscrivez les institutions, les mœurs de nos pères, passe encore: la Liberté et l'Égalité ont grandi nos besoins ; mais de grâce, accueillez favorablement leurs glorieuses traditions, et bénissez leur souvenir.

Si je vous accorde volontiers que le culte du passé est respectable, acceptez aussi que celui de notre Société actuelle ne l'est pas moins. La race des Bonapartes est d'hier, et pourtant consultez l'histoire, elle a déjà fait, cette race, autant pour la gloire et pour la prospérité de la France que n'en fit la précédente en plusieurs siècles. Napoléon Ier, qui, selon la belle expression de Béranger, est le *représentant de l'Égalité Victorieuse*, écrivit nos droits dans un code immortel, redressa nos autels, créa une foule d'institutions utiles, couvrit la France, qu'il eut soin d'élargir avec les baïonnettes de ses soldats, de monuments grandioses, splendides ; enfin, et surtout, fit accepter à l'Europe, après deux cents batailles gagnées, notre prépondérance incontestable. Sa main de fer, achevant l'œuvre de la Révolution, brisa ce qui restait de la Société ancienne, et façonna la nouvelle, impérissable comme son nom. Sans cet Hercule, qui nous eût garanti nos grandes conquêtes sociales ? Je comprends la reconnaissance du peuple (1).

Je comprends aussi que l'affection dont ce même peuple entourait Napoléon Ier retombe sur son Neveu, lui qui nous a restitué une partie des gloires du premier Empire, compromises par les trois règnes précédents.

Voilà, je crois, expliquées les affections qui, sans effacer les autres complètement, les ont amincies. Du reste, afin de prouver ce que j'avance, Eh ! qu'ai-je besoin d'autre témoignage que le nom de Bonaparte jeté cinq fois par l'immense majorité des Français dans

(1) Son image reluit à toutes les murailles ;
Son nom dans tous les carrefours,
Résonne incessamment comme au fort des batailles,
Il résonnait sur les tambours. (A. B.)

l'urne électorale? Et cela, rappelez-vous, à des époques différentes: 1799, (1) 1802, (2) 1848, (3) 1851, 1852. — Ces dates constituent une légitimité qui vaut bien pour le moins celle du pavois, convertie plus tard en droit divin ; elles attestent aussi, ces dates, que le peuple a placé ailleurs, non-seulement ses affections, mais encore le souverain pouvoir dont lui seul est le dispensataire (4).

Je souhaite que mes frères, ceux qui, pour ne pas déserter le culte du passé, s'isolent, sans souci de la commune Patrie, dans un camp étranger, n'aient pas un jour à se repentir de leur aveuglement. L'éternelle lutte du mal contre le bien n'est pas encore finie, sachez-le: pressons nos rangs ; et ne ressemblez pas à ceux qui, placés au milieu d'un fleuve rapide, attachent obstinément les yeux vers un religieux débris qu'on aperçoit, au loin, sur le rivage, tandis que le courant les entraîne et les pousse à reculons vers les abîmes!.....

(1) 13 décembre 1799 : sur 3,012,567 votants, Napoléon Bonaparte obtint 3,011,007 voix.

(2) 7 juin 1802 : Napoléon sera-t-il consul à vie? Sur 3,557,885 votants, 3,368,259 se prononcèrent pour l'affirmative.

(3) Inutile de rappeler les trois dernières élections ; elles sont de trop fraîche date.

(4) Empereur, Consul, Soldat, je tiens tout du peuple. (Paroles de Napoléon en 1815).

Nimes. — Typographie Soustelle, boulevart Saint-Antoine, 9.

www.ingramcontent.com/pod-product-compliance
Lightning Source LLC
LaVergne TN
LVHW020458230826
846091LV00008BA/3275

* 9 7 8 2 0 1 2 4 6 2 6 5 6 *